Abdalqadir Salih

Remoção de nuvens finas usando filtragem homomórfica

AF401838

Abdalqadir Salih

Remoção de nuvens finas usando filtragem homomórfica

ScienciaScripts

Imprint
Any brand names and product names mentioned in this book are subject to trademark, brand or patent protection and are trademarks or registered trademarks of their respective holders. The use of brand names, product names, common names, trade names, product descriptions etc. even without a particular marking in this work is in no way to be construed to mean that such names may be regarded as unrestricted in respect of trademark and brand protection legislation and could thus be used by anyone.

Cover image: www.ingimage.com

This book is a translation from the original published under ISBN 978-620-2-07859-7.

Publisher:
Sciencia Scripts
is a trademark of
Dodo Books Indian Ocean Ltd. and OmniScriptum S.R.L publishing group

120 High Road, East Finchley, London, N2 9ED, United Kingdom
Str. Armeneasca 28/1, office 1, Chisinau MD-2012, Republic of Moldova, Europe
Printed at: see last page
ISBN: 978-620-7-98599-9

ÍNDICE

DEDICAÇÃO

Aos meus entes mais queridos, àqueles que me deram o seu tempo, especialmente ao Prof. Dr. ABDULKADIR ŞENGÜR, carinho, ajuda e esperança, e à minha amada família, e à MINHA ESPOSA, e a todos os amigos que me ajudem.

RECONHECIMENTO

Quero expressar a minha mais profunda gratidão a todos os que me apoiaram e encorajaram durante a preparação deste relatório, pois não conseguiria realizar este trabalho sem a sua ajuda e orientação. Estou excecionalmente grato ao Prof. Dr. ABDULKADIR ŞENGÜR por me ter dado a oportunidade de realizar este relatório sob a sua orientação. Dr. ABDULKADIR ŞENGÜR por me ter dado a oportunidade de realizar este relatório sob a sua orientação. Estou-lhe profundamente grato, pois não conseguiria concluir o relatório sem o seu apoio, aconselhamento e encorajamento contínuos. Estou também muito grato a todo o pessoal do Departamento de Engenharia de Software da Universidade de Firat pela sua cooperação na resolução dos problemas com que me deparei durante o trabalho quotidiano. Gostaria de prestar homenagem à minha mulher e aos meus filhos, que me são muito queridos, pois estão sempre ao meu lado quando realizo qualquer tarefa na minha vida, bem como aos meus pais e à minha irmã.

Abdalqadir M.jazaa SALIH

RESUMO

As nuvens finas são opacas, e uma fotografia da área coberta por nuvens finas contém os componentes da troposfera (efeito de nuvens finas) e a reflexão da imagem no solo. A utilização da filtragem homomórfica (HF) para remover as nuvens finas é um método popular de ocupação, uma vez que a imagem terrestre é simplesmente contaminada pelo efeito de ruído que ocorre geralmente de forma aleatória. Esta investigação apresenta uma tentativa de explicar como um HF será utilizado para a remoção de nuvens finas em imagens remotas de satélite. Para tal, consideram-se as imagens obtidas de um objeto terrestre como componentes de baixa frequência e tenta-se encontrar a melhor frequência passa-alto para as mesmas. Aqui, as frequências de corte óptimas são determinadas através de uma manobra semi-automática e a otimização é testada com base na melhor afinação para remover o efeito de nuvens finas numa cena terrestre. O método proposto foi implementado em ambiente MATLAB e testado em várias imagens de diferentes locais para comprovar a sua validade. Os resultados provam que a remoção adequada e viável de nuvens finas é conseguida e que se obtêm imagens de deteção remota nítidas.

Palavras-chave: Corte de frequência, Filtragem homomórfica enfatizada, Filtragem passa-altas, Filtragem homomórfica, Filtragem homomórfica melhorada, Remoção de nuvens finas

ÖZET

HOMOMORFİK FİLTRELEME İLE İNCE BULUT TEMİZLENME

İnce bulutlar opaktır ve ince bulutla kaplanmış bir alanın fotoğrafı, troposferin bileşenleri (ince bulut etkisi) ve zemin yansıma görüntüsü de fotoğrafta bulunmaktadır. İnce bulutlardan kurtulmak için, homomorfik filtreleme (HF) en yaygın yöntemlerden biridir, zemin görüntüsü genellikle rasgele meydana gelen gürültülü etki tarafından kolayca kirlenir. Bu araştırmanın amacı HF yardımıyla, uydudan çekilmiş fotoğraflardaki ince bulutların giderilmesidir. Bu durum yer üzerindeki bir cisim için düşük frekans bileşenlerle çekilmiş fotoğrafı alıp, en iyi yüksek geçiş frekansını bulma ile gerçekleştirmektedir. En uygun kesme frekansları yarı otomatik bir olarak belirlenir ve zemin görüntüsü üzerindeki ince bulut etkisini ortadan kaldırmak için en iyi parametre değerleri bulunarak test edilmektedir. İnce bulut gidermek için iki farklı algoritma (HF ve İyileştirilmiş Homomorfik Filtreleme (İHF)) kullanılmaktadır. Kullanılan yöntemler, MATLAB ortamında uygulanmış ve geçerliliğini kanıtlamak için farklı yerlerin çeşitli görüntüleri ile test edilmiştir. Testlerin sonuçları, yöntemin uygunluğunu kanıtlanmış ve bu metodu kullanarak ince bulutların giderilmesi sağlanmıştır. Yöntemlerin başarımları görsel olarak değerlendirilmiş ve yöntemlerin iyilikleri ve zayıf kaldıkları yönler yorumlanmıştır.

Anahtar Kelimeler: Kesim frekansı, Homomorfik Filtreleme, Yüksek geçiren filtreleme, İyileştirilmiş Homomorfik Filtreleme, İnce bulut giderilmesi.

SÍMBOLOS E ABREVIATURAS

α	: Alpha
β	: Beta
ETM+	: Enhanced Thematic Mapper Plus
GBR	: Color of image
HE	: Histogram Equalization
HF	: Homomorphic Filtering
HFCR	: Proposed method
IHF	: Improved Homomorphic Filtering
MSR	: Multi-Scale Retinex Algorithm
sig	: Sigma

CAPÍTULO 1. INTRODUÇÃO

Este capítulo apresenta uma introdução geral a esta tese. Esta parte introdutória inclui uma visão geral sobre a remoção de nuvens finas e a visualização de possíveis factores de controlo. Também discute as terminologias básicas e as teorias de aplicação que são utilizadas no resto da tese, como a filtragem homomórfica. Por fim, o capítulo apresenta a organização da tese, descrevendo os restantes capítulos.

1.1. Visão geral

Em geral, as nuvens são consideradas como uma obstrução à observação da superfície terrestre e causam uma desfocagem ou uma diminuição da informação regional. As nuvens finas são consideradas fisicamente não opacas, e as imagens de objectos terrestres que são parcial ou totalmente afectadas por nuvens finas contêm os componentes da atmosfera (efeito de nuvem fina) e da cena terrestre. Por esta razão, a eliminação/remoção de nuvens finas é um procedimento sensível e complicado, uma vez que a informação terrestre pode ser facilmente afetada quando se aplica uma eliminação simples do ruído gerado pela existência de nuvens finas. A remoção de nuvens finas é um procedimento aperfeiçoado utilizado pelas tecnologias de deteção remota e de imagiologia. Este procedimento é uma tarefa muito experimental, uma vez que as imagens da parte coberta por nuvens finas não contêm apenas a informação da nuvem, mas também as caraterísticas do terreno, incluindo a erradiação e a estrutura [1]. O procedimento de remoção dos efeitos das nuvens tem sido proposto e seguido com o objetivo de reduzir o ruído nas imagens de satélite e na deteção remota, especialmente para aplicações de imagens de alta qualidade [2, 3]. Este procedimento tem sido objeto de investigação aprofundada e amplamente aplicado; no entanto, a aplicação pode variar em função da base teórica seguida, o mesmo acontecendo com os resultados. Independentemente da abordagem utilizada e das considerações teóricas, a remoção de nuvens finas melhora muito os resultados das técnicas de imagiologia e deteção remota. Foram propostos, investigados, desenvolvidos e testados vários métodos de remoção de nuvens finas. Estas tentativas de investigação podem ser categorizadas com base na técnica de redução ou eliminação de nuvens finas utilizada, em métodos baseados numa única imagem, como métodos de filtragem (principalmente filtragem homomórfica) [4-9], correspondência de histogramas [11], eliminação de pixéis escuros [12, 17]; e métodos baseados em várias imagens, como a reconstrução de imagens a partir de imagens de satélite multitemporais [13, 14]. Estes métodos serão investigados em pormenor na subsecção seguinte.

Essencialmente, não existe um "melhor" método absoluto para a remoção de nuvens finas; em vez disso, os métodos propostos e as ideias de investigação têm um desempenho relativo quando comparados com imagens não contaminadas. A ideia principal é produzir uma qualidade de imagem aceitável para visualização e análise, se necessário.

1.2. Revisão da literatura

As tentativas de remoção de nuvens existem há relativamente muito tempo, com propostas registadas que remontam à década de 1970 [15]. No entanto, uma aplicação direta à remoção de nuvens finas foi apresentada no trabalho de Mitchell em 1976 [10]. Mitchell propôs no seu trabalho uma ideia de filtragem que lida com a cobertura de nuvens (nuvens finas) que obstruem a apresentação clara de imagens de satélite. Desenvolveu um modelo para a distorção das nuvens, simulou uma imagem contaminada e aplicou o seu modelo de filtragem homomórfica para purificar a imagem. Na altura, os resultados foram impressionantes e o modelo desenvolvido foi capaz de remover parcialmente os efeitos do ruído e reconstruir uma imagem visível, como mostra a Figura 1.1. Embora este trabalho tenha apresentado uma tentativa bem sucedida, o principal problema é a falta de utilização de dados reais, bem como de uma técnica de refinamento viável.

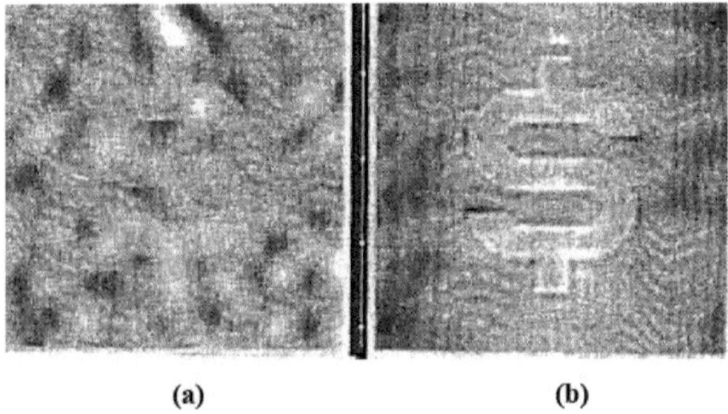

Figura 1.1. Imagem ruidosa simulada em computador (a), resultado da imagem filtrada (b)[10]

O desenvolvimento continuou a progredir neste domínio e um novo método foi desenvolvido por Chanda e Majumder em 1991. No seu trabalho, desenvolveram um algoritmo iterativo que lida com a distorção das nuvens finas nas imagens LANDSAT. O algoritmo baseia-se essencialmente num certo número de parâmetros que têm em conta a situação física, juntamente com um filtro passa-baixo em forma de fita para remover a influência das nuvens finas e, ao mesmo tempo, melhorar as imagens captadas à distância. Num esforço para criar um estudo mais robusto e alargado, em 1996, Rinchter propôs e desenvolveu um algoritmo atmosférico rápido e espacial adaptável para corrigir imagens de satélite remotas. Nesse trabalho, as imagens contaminadas foram purificadas usando uma tabela de consulta que contém funções de correção atmosférica que necessitam de uma identificação interactiva do utilizador para destacar os pixels contaminados de modo a serem removidos pelo sofisticado algoritmo proposto [17]. A principal desvantagem deste estudo é que é necessária a interação do utilizador como parte do processo; além disso, a qualidade da imagem está totalmente dependente da informação fornecida na tabela de consulta, que pode ser obtida de forma inválida em determinados pontos do cálculo. Gao e os seus colegas abordaram o mesmo problema de uma forma diferente. Propuseram a utilização de um algoritmo empírico num esforço para reduzir os efeitos das nuvens finas nas imagens de satélite [18]; no entanto, restringiram a sua implementação e aplicação apenas aos cirros. Esta tentativa também abordou apenas dois canais na gama de 1,38 e 1,24 *p.m* para correção de imagens e 0,66 e 1,38 *p.m* para imagens obtidas sobre terra. Embora o algoritmo tenha conseguido obter a remoção de cirros em ambos os casos, como ilustrado na Figura 1.2, no entanto, tal como a maioria dos métodos empíricos, esta tentativa sofre de problemas de incerteza relacionados com os dados originais, bem como da falta de um método de correção robusto para os erros introduzidos pelo fator de transmitância dos cirros [18].

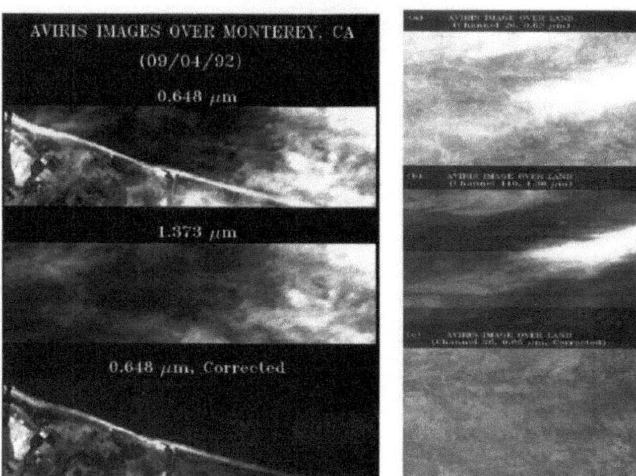

Figura 1.2. Sobre a superfície da água (esquerda) e sobre a superfície da terra (direita): Imagem do canal 1 (em cima) [18]

Uma tentativa extensiva foi apresentada no trabalho de Zhang *et al.* onde foi testada quantitativamente uma transformação de imagem optimizada para a compensação radiométrica da banda visível para produzir uma vista melhorada para imagens de satélite afectadas por nuvens finas ou nebulosas [19]. Os métodos baseiam-se na correlação entre cenas claras e partes contaminadas, a fim de criar uma função de purificação para produzir uma eliminação aceitável do efeito de neblina na vista terrestre. A tentativa produziu resultados consideráveis, como se pode ver na Figura 1.3, no combate à contaminação por neblina em imagens de satélite [33];

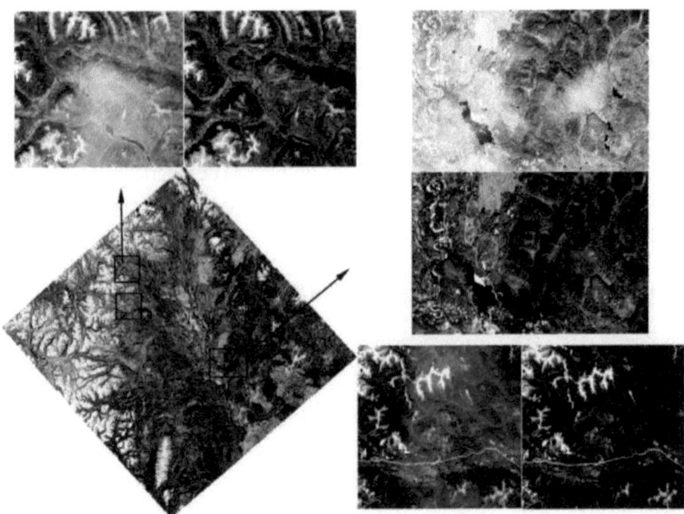

Figura 1.3. Detalhes da recuperação da superfície com base no método de transformação optimizado de neblina [19]

No entanto, o método pressupõe que a vista deve ter várias regiões claras para criar a compensação necessária, o que é impraticável em circunstâncias normais. Mais recentemente, vários estudos propuseram a utilização de métodos avançados de filtragem para melhorar e aperfeiçoar a qualidade das imagens de satélite, removendo os efeitos das nuvens finas [1-3] [8,9] [20]. Estas técnicas de filtragem baseiam-se nos princípios da filtragem homomórfica, que serão discutidos em pormenor no capítulo 2 desta tese, a fim de eliminar/reduzir os efeitos das nuvens finas na visualização terrestre das imagens de satélite. Basicamente, a abordagem baseia-se total/parcialmente na morfologia matemática, em que as frequências baixas e altas são separadas utilizando a operação de abertura/fecho, o que permite a remoção das nuvens finas, uma vez que são componentes de baixa frequência. Este método foi adotado por uma série de estudos, uma vez que provou a sua eficiência na remoção de nuvens finas. Cai *et al.* propuseram um método de filtragem homomórfica auto-adaptativo para efeitos de remoção de nuvens finas. O método aplicou a antena espacial LISA (Laser Interferometer Space Antenna) para extrair elementos de nuvens regionais e, em seguida, com base na espessura da nuvem regional, as frequências de corte são ajustadas para otimizar o desempenho do processo de filtragem, o que melhora o processo global [20]. O sucesso do estudo de Cai *et al.* levou Wu *et al.* a efetuar uma remoção de nuvens finas com base num procedimento de filtragem de homomorfismo melhorado. No seu estudo, tentaram melhorar a qualidade das imagens de satélite de alta resolução, minimizando a distorção resultante da técnica de filtragem homomórfica. Com base numa avaliação qualitativa e quantitativa, os seus resultados mostraram uma melhoria significativa das imagens captadas contaminadas por nuvens finas [9]. Também efectuaram um estudo comparativo sobre o desempenho da filtragem homomórfica melhorada e da filtragem homomórfica, como mostra a Figura 1.4. Embora a utilização do homomorfismo melhorado tenha produzido melhores resultados no estudo *de* Wu *et al.*, falta uma investigação e validação exaustivas utilizando vários tipos de dados para definir a aplicabilidade do método e as possíveis formas de melhoria. No mesmo sentido, Sousa *et al.* tentaram aplicar medidas estatísticas juntamente com a filtragem homomórfica com o objetivo de remover a influência de nuvens finas e fenómenos atmosféricos semelhantes. Na sua avaliação, salientaram que a utilização da filtragem high-boost funciona melhor para este efeito [15]. Shen *et al.* apresentaram um dos modelos desenvolvidos muito recentemente, que efectuou uma filtragem homomórfica clássica no domínio da frequência para eliminar o efeito das nuvens finas nas imagens de deteção remota. Na sua experiência, consideraram as nuvens finas como componente de baixa frequência e as frequências de corte óptimas foram encontradas semi-automaticamente para cada canal, exceto o primeiro, produzindo imagens melhoradas para aplicações de deteção remota [1].

O método proposto produziu resultados apreciáveis, especialmente para imagens a cores, como mostra a Figura 1.5; no entanto, a complexidade da sintonização manual do primeiro canal continua a persistir e pode criar uma deterioração do desempenho ótimo se não for cuidadosamente considerada.

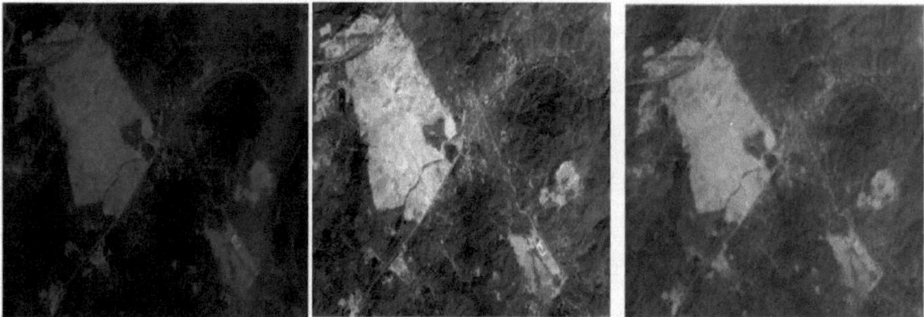

Figura 1.4. Imagem contaminada (esquerda), imagem filtrada por homomorfismo (meio), homomorfismo melhorado [1]

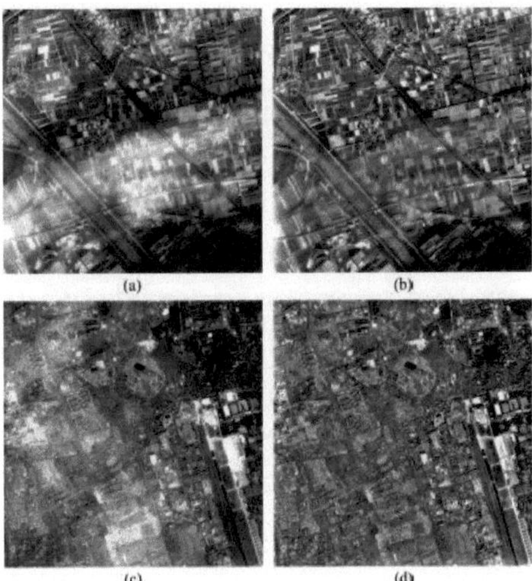

Figura 1.5. A coluna da esquerda apresenta as imagens originais contaminadas e a coluna da direita [14]

Em termos específicos, foram propostos vários métodos que se baseiam na correção atmosférica simples para atenuar o efeito das nuvens finas nas imagens terrestres. No entanto, estes métodos necessitam de informações adequadas sobre as propriedades atmosféricas e o perfil do sensor para poderem reduzir/eliminar a atenção gerada. Além disso, se as informações disponíveis tenderem a ser relativamente inexactas ou mal interpretadas, os resultados serão altamente deteriorados.

Chen *et al.* propuseram um método para a remoção do efeito de neblina que pode ser aplicado ao sistema de remoção de nuvens finas. O seu método baseia-se essencialmente na correção dos pixels, tendo em conta vários parâmetros de controlo, incluindo: transmissão do sinal, reflectância aditiva das nuvens, bem como atenuação da energia devida às nuvens. O método proposto utilizou uma direção de ajuste de pixels nublados com a ajuda do IHOT, tendo em mente o objetivo final de descrever espacialmente a nuvem para a revisão de pixels [24]. Da mesma forma, Meng *et al.* propuseram e desenvolveram uma nova abordagem que considera a reflexão e a absorção de nuvens finas no processo de correção de pixels; aqui, o método abordou a remoção de nuvens finas corrigindo pixels contaminados através da análise espetral. A correção é obtida deduzindo o efeito dos componentes da nuvem: assinatura do membro e abundância da nuvem, que é, em última análise, ajustada com base na espessura da nuvem. As principais vantagens desta abordagem são o facto de não necessitar de qualquer referência de imagens terrestres nem de qualquer atualização do estado meteorológico [30]. Ming *et al.* propuseram um método para a remoção de nuvens finas que suporta o filtro de valor vetorial. O método aplica a decomposição de imagens de deteção remota contaminadas por nuvens finas em coeficientes de sub-banda multi-resolução. Através da supressão dos coeficientes de baixa frequência, as nuvens finas são removidas eficazmente e a informação sobre o objeto no solo é suficientemente preservada. Este método tem vantagens em relação a outros métodos, uma vez que suporta o filtro de valor vetorial, que é referido como uma boa generalização e pode captar fortemente a capacidade de singularidade [26]. Jun *et al.* decidiram abordar a remoção de nuvens finas através da construção de um modelo físico de nuvens finas que considera a distribuição desigual dos componentes das nuvens. No seu trabalho, utilizaram uma espécie de algoritmo de ajustamento que bloqueia as manchas com uma escala de cinzentos para reduzir a influência dos objectos escuros. O processo essencial dependia principalmente da subtração do fundo nublado que é determinado pelo modelo físico. O efeito da transmissão foi tido em conta através da sintonização adaptativa do contraste da cor final da imagem, o que reduziu significativamente a influência da transmissão [31].

Alguns outros investigadores abordaram o problema do efeito das nuvens finas através da conceção de um método de filtragem adequado. A este respeito, Asharif *et al.* propuseram uma filtragem homomórfica para a remoção de nuvens finas, que é considerada um método simples e menos complexo. Neste caso, a filtragem por homomorfismo foi utilizada para realçar e extrair os pontos mais afectados pela sombra (em resultado do sombreamento das nuvens finas). O foco deste método foi orientado para os efeitos da iluminação e da reflexão na imagem terrestre, que foram tratados separadamente com base no nível de cinzento dos componentes da imagem. O método utilizou o espaço de cor HSV para efeitos de análise, que utiliza o valor dos componentes de cor (por exemplo, escuro ou claro) para melhorar a precisão global das regiões sombreadas [28]. Chao-Hung *et al.* desenvolveram uma técnica de remoção de nuvens finas que produziu um desempenho relativamente superior em comparação com métodos semelhantes. No seu trabalho experimental, utilizaram imagens recodificadas pelo Landsat-7 através do sensor Enhanced Thematic Mapper Plus (ETM+) e basearam a sua noção na reconstrução de uma imagem clara utilizando imagens pré-gravadas que podem ser utilizadas para o melhoramento de manchas, baseando-se na ideia de que podem ocorrer alterações insignificantes na informação do solo num curto período de tempo [22]. Apesar de o trabalho de Chao-Hung *et al.* ter produzido resultados de qualidade, os pressupostos que utilizaram tendem a ser pouco práticos, uma vez que pode ser necessária informação instantânea sobre o terreno. Zheng *et al.* investigaram e propuseram um método baseado nas propriedades físicas da cobertura de nuvens finas. A ideia do seu método é que, no canal da gama de 0,4 pm a 1,0 pm e 1,38 pm, existe uma relação linear entre a reflectância produzida. A ideia foi bem sucedida no início para obter informações sobre o solo para objectos terrestres, mas não foi bem sucedida para superfícies de água. Tentaram afinar os canais utilizados e conseguiram utilizar 0,66 pm, 0,86 pm e 1,38 pm para recuperar imagens de corpos de água sob uma fina camada de nuvens. O modo desenvolvido foi utilizado para testar imagens contaminadas pelo efeito de nuvens de pensamento de duas fontes principais diferentes para validar os seus resultados [25]. Yinqi *et al.* propuseram uma remoção de nevoeiro de imagens de satélite simples. O método proposto explorou o algoritmo prévio do canal escuro para melhorar a visão global do objeto no solo. A cobertura atmosférica é estimada inicialmente utilizando a teoria do período do canal escuro e não por referência aos componentes da imagem. Também aplicaram um filtro passa-baixo agudo (baseado em Guassain) e um sofisticado refinamento de feedback à atmosfera estimada, a fim de remover os componentes indesejados de nuvens finas ou nevoeiro que existem. Acrescentaram ainda uma fase de purificação adicional que utiliza a técnica de filtragem guiada, o que melhorou o desempenho global e preservou a exatidão da informação [27]. Salamahn *et al.* propuseram e conceberam um algoritmo para remover o efeito de nuvens finas em imagens de deteção remota. O método proposto tem em conta a utilização de imagens de satélite de infravermelhos. O sistema baseia-se na análise de imagens de satélite de infravermelhos que, em última análise, podem falhar na deteção e remoção de áreas contaminadas por nuvens finas ou sombras de nuvens em geral, sabendo que estes efeitos distorcem o sinal real recebido pelo sensor de satélite, dificultando assim o desempenho final da remoção [21]. Lv *et al.* propuseram que a remoção de nuvens finas em bandas visíveis é possível com base na equação de transferência radioactiva simplificada e em dois pressupostos. O algoritmo avaliado utilizou uma sub-imagem Landsat 8 de 041/036 (caminho/linha) que foi adquirida em 2014. As nuvens finas desapareceram visualmente. Com uma imagem quase sem nuvens adquirida em 14 de abril de 2014 como "verdade", o coeficiente espacial entre a imagem "verdade" e a imagem antes e depois do algoritmo aumentou de 0,47 para 0,83 para a banda 1, de 0,55 para 0,82 para a banda 2, de 0,73 para 0,88 para a banda 3 e de 0,82 para 0,88 para a banda 4. O aumento dos coeficientes espaciais indicou quantitativamente a validade do algoritmo [25].

No entanto, em circunstâncias gerais, as propriedades atmosféricas não são fáceis de adquirir e analisar. Isto também se aplica quando se dispõe de um plano prévio para o efeito. Essencialmente, está provado que os métodos baseados em modelos falham na competição evocativa do efeito de nuvens finas localmente densas. Por conseguinte, é necessário propor e conceber um novo método baseado em imagens para a remoção de nuvens finas em imagens de deteção remota, a fim de obter de forma independente a necessária eliminação de nuvens finas e corrigir o impacto dos pixels nublados no objeto terrestre. Neste contexto, a filtragem homomórfica é amplamente utilizada para corrigir a iluminação não uniforme nas imagens. O modelo de iluminação-reflexão da formação de imagens conclui que a intensidade em qualquer pixel, que é a quantidade de luz reflectida por um ponto no objeto, é o produto da iluminação da cena e da reflexão dos objectos na cena; as estratégias baseadas na imagem são divididas nas seguintes classificações

1. A estratégia baseada em múltiplas imagens melhora a iluminação dos pixéis nublados, entrelaçando informações correlativas de vários componentes de deteção mundanos ou outros.

Existem alguns pontos de confinamento para a estratégia baseada em múltiplas imagens em diferentes fases. Em primeiro lugar, a imagem nublada deve estar essencialmente relacionada com a referência sem imagens nubladas; caso contrário, a combinação pode provocar quebras ou erros nos efeitos. Em segundo lugar, as nuvens presentes nas numerosas fotografias não devem cobrir uma área comparável; geralmente, não é necessário restabelecer a informação do terreno com a informação correspondente. Em terceiro lugar, os ajustes geométricos e radiométricos são um pré-processamento fundamental e, nesse sentido, a exatidão da institucionalização está diretamente relacionada com o resultado da última combinação. O procedimento de eliminação de nuvens finas baseado em múltiplas imagens tem sérios requisitos de informação que limitam a sua aplicação.

2. A estratégia de imagem única baseia-se principalmente na unidade de área do conhecimento documentado; assim, as suas aplicações restringem-se a uma área unitária.

A remoção de nuvens finas precisa de ser reinvestigada e devem ser introduzidas melhorias significativas. De um modo geral, a remoção de nuvens finas através da correspondência de gráficos de barras tem sido a metodologia mais utilizada [21,23]. Uma metodologia típica de correção de regiões baseada em imagens visa a dedução de objectos escuros, tratando todos os pixels da mesma forma [1]. No entanto, as nuvens são gotículas líquidas e partículas totalmente diferentes diferidas na atmosfera e podem ser distribuídas de forma acessível e não globalmente. Qualquer procedimento proposto para a remoção de nuvens finas deve ser capaz de eliminar a influência da radiação do caminho universal e, ao mesmo tempo, não deve falhar na indução de nuvens finas nativas. Deve ser estabelecida uma metodologia baseada no grau de remoção de nuvens finas para filtrar as nuvens finas em vários níveis através de uma transformação optimizada antes da correção destinada à deteção e caraterização da atribuição de nuvens em cenas de satélites terrestres, que serão os objectivos visados nesta investigação.

1.3. Objectivos da investigação

O principal objetivo desta investigação é desenvolver um modelo robusto e viável para a remoção de nuvens finas com base na filtragem por homomorfismo. No entanto, este objetivo é subdividido nos seguintes objectivos:

1. Investigar a revisão da literatura relacionada com a remoção de nuvens finas com base em vários métodos e provar a viabilidade da filtragem homomórfica como o melhor candidato para a redução da componente de brilho, bem como a expansão dos coeficientes de reflexão utilizando o homomorfismo melhorado.

2. Desenvolver matematicamente o modelo de filtragem homomórfica melhorado, bem como a sua implementação em MATLAB para análise experimental e avaliação de resultados.

3. Comparar os resultados obtidos com o modelo mais relevante encontrado na literatura, a fim de provar a viabilidade do modelo desenvolvido.

4. Destacar possíveis direcções para a investigação com base no presente estudo como base para investigação futura.

1.4. Metodologia de investigação

A metodologia desta investigação baseia-se no desenvolvimento de uma filtragem homomórfica que incorpora um método de fase de homomorfismo melhorado que funciona com base na sintonização semi-automática da frequência de corte óptima, a fim de obter a melhor redução dos efeitos de nuvens finas. Para preservar a nitidez dos pixéis e garantir a elevada fidelidade dos resultados, os pixéis com nuvens são detectados e tratados separadamente. Para circundar os pixéis únicos e garantir a elevada fidelidade dos resultados, os pixéis enevoados são identificados e tratados separadamente. Como informação de baixa frequência, as superfícies de água sem nuvens estão a ser especialmente recolhidas e ajustadas. Como passo de validação, as imagens purificadas resultantes são comparadas com os resultados das mesmas imagens obtidas a partir de modelos relacionados encontrados na literatura. As observações finais são então fornecidas com base nos resultados obtidos, formando uma área de investigação aberta para futuras investigações.

1.5. Organização da tese

A presente tese é sistematizada da seguinte forma:

■ **Capítulo I**: Secção introdutória geral que apresenta a visão geral necessária sobre a remoção de nuvens finas, bem como uma revisão exaustiva da literatura. Apresenta também os objectivos da investigação e a metodologia seguida na realização do trabalho experimental.

■ **Capítulo II**: Investiga os modelos utilizados para a remoção de nuvens finas, com especial incidência no homomorfismo. Fornece também os pormenores das ferramentas e métodos de processamento de imagem utilizados no decurso desta investigação.

■ **Capítulo III**: Este capítulo apresenta e discute os resultados experimentais obtidos com a filtragem homomórfica aplicada no nosso estudo. O capítulo também fornece uma referência para o desempenho, comparando os resultados obtidos com os modelos mais relevantes encontrados na literatura.

■ **Capítulo IV**: Este capítulo fornece uma orientação para o método competitivo mais recente encontrado na literatura, implementando o método e discutindo os seus prós e contras e fornecendo direcções para investigação futura com base no mesmo.

■ **Capítulo V**: Este é o capítulo final, dedicado às observações finais sobre o trabalho desta tese, bem como a fornecer uma visão final sobre possíveis formas de melhorar o trabalho em estudos futuros.

1.6. Resumo

Este capítulo apresentou uma sessão introdutória à tese, na qual foi apresentada uma ideia geral sobre a remoção de nuvens finas, bem como trabalhos e tentativas de investigação relacionados. O capítulo também incluiu o problema de investigação, os objectivos, a metodologia e a organização final da tese.

CAPÍTULO 2. ANTECEDENTES

2.1.Introdução

Neste capítulo, a discussão é orientada para a compreensão da estrutura das nuvens finas e da forma como podem ser consideradas em vários modelos. Além disso, a discussão abrange os métodos mais relevantes para a remoção de nuvens finas e os modelos ou ferramentas utilizados para o efeito. No âmbito da discussão geral, são apresentados e investigados métodos e técnicas de processamento de imagem utilizados para a remoção de nuvens finas.

2.2. Visão geral

As nuvens são definidas como objectos flutuantes visíveis em aerossol que contêm gotículas de água e partículas finas de gelo, distribuídas em função da sua categoria ou tipo em diferentes latitudes [26, 27]. São criadas no interior da termosfera terrestre quando a água se evapora dos oceanos, lagos, lagoas, cursos de água e rios. O vapor sobe para a zona mais fria da atmosfera em resultado de convecção, orografia ou elevação frontal, o que se designa por arrefecimento adiabático. O vapor pode conter várias partículas, desde lama até elementos minúsculos de sal e lixo. O vapor em níveis elevados condensa-se e as nuvens tornam-se evidentes. As nuvens podem variar de latitude, cor, estrutura física e outras caraterísticas [27]. A estrutura física das nuvens, bem como as suas propriedades e caraterísticas, são muito importantes para este estudo de investigação. Por esta razão, nas subsecções seguintes, é apresentada a classificação das nuvens, bem como as suas propriedades.

2.3. Tipos de nuvens

As nuvens são geralmente distribuídas a partir da mesosfera inferior, estratosférica e troposférica e as categorias são listadas com base na sua altura. A intervalos, os estádios da troposfera das nuvens não verticais são listados por ordem decrescente de altura. As variedades de géneros em intervalos de cada fase organizadas por ordem decrescente da altura média da base. As espécies constituintes, as variações, a opção suplementar e as nuvens padrão organizam-se por ordem aproximada de frequência de incidência. As equipas de nuvens verticais ou de vários estádios e as suas categorias e espécies constituintes estão listadas por ordem crescente da altura média da nuvem de primeira categoria. A sua variação, opção suplementar e nuvem padrão organizam-se por ordem aproximada de frequência de incidência. Uma contagem da variação troposférica básica que é mostrada como variedade entre parênteses uma vez a cada seleção, uma vez que a nuvem cumulonimbus que não tem subtipo, e uma vez que as espécies ligadas não são invariavelmente divisíveis em verdades. Os diferentes planetas de um mesmo sistema solar que têm nuvens estão listados de acordo com a sua distância do sol e, portanto, as nuvens de cada planeta estão em ordem decrescente aproximada de altura. Especificamente, as nuvens podem ser categorizadas com base na sua estrutura física, propriedades e latitude nos seguintes 10 tipos [28]:

1. Nuvens altas:

■ **Cirrus**: Estas nuvens estão entre as mais altas da atmosfera. Aparecem geralmente com padrões de filamentos brancos destacados com distribuições estreitas. Este tipo de nuvens é considerado transparente, mas o grau de transparência depende do seu conteúdo de cristais de gelo, da separação destes cristais, do conteúdo químico e da distribuição dos filamentos. O aspeto típico destas nuvens é mostrado na Figura 2.1.

■ **Cirrostratus**: Este tipo de nuvens aparece como um fio liso de véu esbranquiçado. A principal diferença entre este tipo e os cirros é que este tipo é normalmente extenso e cobre grandes áreas, em comparação com os cirros, como mostra a Figura 2.2.

■ **Cirrocumulus**: Este tipo é representado por uma mancha branca em camadas de nuvens que não criam sombras. O aspeto geral deste tipo não se assemelha a um cordão branco, mas sim a ondulações irregulares ou grãos no céu. Os especialistas afirmam que existe uma relação comum entre cirrus e cirrocumulus que se reflecte basicamente nas suas caraterísticas. Este tipo é ilustrado na Figura 2.3.

Figura 2.1. Nuvens cirros[28]

Figura 2.2. Nuvens Cirrostratus[28]

Figura 2.3. Cirrocumulus com área nublada[28]

2. Nuvens médias

■ **Altostratus**: Este tipo de nuvens é representado por lençóis cinzentos ou azulados, total ou parcialmente ligados, que cobrem grandes áreas de aerossóis. As nuvens deste tipo não são espessas; pelo contrário, são consideradas relativamente finas e fazem passar a luz solar através delas como se fossem uma espécie de óculos de sol. Um exemplo deste tipo de nuvem é dado na Figura 2.4.

■ **Altocumulus**: O que distingue as nuvens altocumulus é o padrão de manchas mistas, em que os fios brancos e cinzentos se difundem para formar este tipo de nuvem em camadas. Este tipo é relativamente escuro e cria uma coroa quando passa em frente ao sol. Além disso, é frequente verificar que este tipo é criado a partir de muitas camadas para criar uma estrutura de nuvem concreta, como se vê na Figura 2.5.

■ **Nimbostratus**: Estes tipos de nuvens são geralmente considerados como nuvens de chuva. As nuvens nimbostratus são criadas como consequência da concatenação maciça e espessamento de altostratus. A aparência deste tipo é geralmente cinzenta ou cinzenta escura que produz chuva ou neve. Este tipo é conhecido por ser muito pensativo e pode bloquear total ou parcialmente a luz solar. Um exemplo típico deste tipo é mostrado na Figura 2.6.

3. Nuvens baixas

■ **Cumulus**: Este tipo de nuvens é geralmente destacado e denso. A caraterística mais especial que têm é que as suas bordas são afiadas e são muito mais claras e brancas do que a sua parte central. Este tipo de nuvens bloqueia parcialmente a luz solar que passa através dos desprendimentos no interior das nuvens. Um exemplo típico de cumulus é mostrado na Figura 2.7.

■ **Stratus**: Este tipo tem uma cor cinzenta escura e uma estrutura relativamente uniforme. As nuvens deste tipo podem produzir grãos de neve ou prismas de gelo, desde que tenham espessura suficiente para tal. Este tipo é mostrado na Figura 2.8.

Cumulonimbus: As nuvens cumulonimbus apresentam-se numa camada densa, semelhante a uma

20

montanha, relativamente escura. A estrutura pode aparecer na forma de betão plano. Este tipo pode parecer como camadas suaves que se fundem para criar uma nuvem tipo torre. Geralmente, estas nuvens produzem trovoadas. Um exemplo típico é ilustrado na Figura 2.9.

Figura 2.4. Nuvens Altostratus[28]

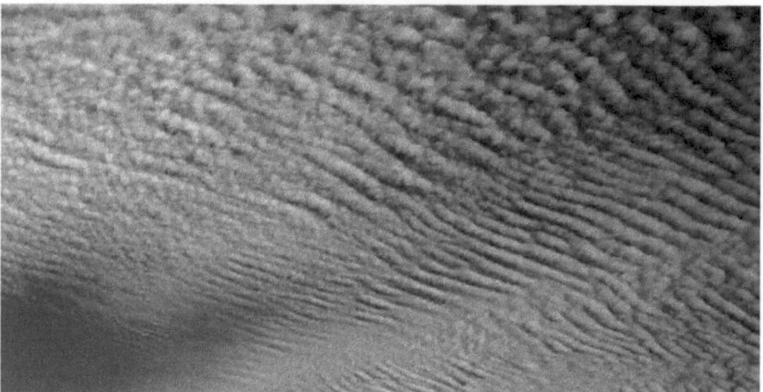

Figura 2.5. Nuvens Altocumulus[28]

Figura 2.6. Nuvens de área Nimbostratus[28]

Figura 2.7. Nuvens Cumulus[28]

Figura 2.8. Nuvens Stratus[28]

Figura 2.9. Nuvens cumulonimbus[28]

Stratocumulus: Este tipo de nuvens é geralmente cinzento ou semi-branco, em forma de manchas ou camadas. Aparecem em forma de favo de mel que é mais escuro a partir do fundo. A caraterística geral deste tipo de nuvens é que elas não se fundem e não têm fios e são geralmente mais pequenas do que outros tipos na área das manchas. O exemplo típico deste tipo é mostrado na Figura 2.10.

Figura 2.10. Nuvens Stratocumulus[28]

As mais relevantes para este estudo são basicamente cirrus e cirrocumulus, que são consideradas nuvens finas que correspondem aos critérios de investigação.

2.4. Nuvens finas

Como explicado acima, a preocupação e o foco serão orientados para o que é considerado como "nuvem fina". O termo nuvem fina precisa de ser devidamente definido e explicado para clarificar a ideia exacta. As nuvens podem ser caracterizadas pelo nível de filtragem das propriedades de transmissão, reflexão e absorção que apresentam para as radiações solares (basicamente a luz do sol) [26]. Além disso, a geometria das nuvens (área e espessura) afecta muito a transparência das nuvens. De acordo com a breve investigação dos tipos de nuvens na subsecção anterior e com algumas referências [29-31], as nuvens finas podem ser consideradas cirrus, stratus e small cumulus. Por conseguinte, a consideração desta investigação limita-se às caraterísticas que correspondem basicamente a qualquer cobertura de nuvens semelhante a estas. Essencialmente, as nuvens finas não obscurecem toda a informação do solo nas imagens de satélite, mas criam uma mancha e confusão nas caraterísticas do solo, que podem ser extremamente sensíveis e precisam de ser apresentadas em formato de alta resolução.

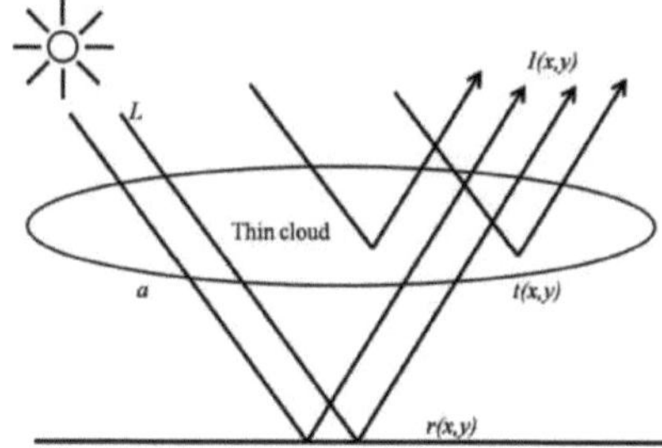

Figura 2.11. Modelo físico de nuvem fina comummente utilizado[32]

2.5. Modelação de nuvens finas

23

O modelo físico comummente aceite para as nuvens finas é ilustrado na Figura 2.11[32]. Basicamente, devido à atenuação, dispersão e reflexão resultantes da nuvem fina, a imagem registada será distorcida e pode ser representada como na Equação 2.1 abaixo [32]:

$$l(x,y) = \alpha Lr(x,y)t(x,y) + L(1 - t(x,y)) \tag{2.1}$$

Em que $I(x,y)$ é a intensidade da imagem detectada pelo satélite, a é o efeito de escala da atenuação resultante das nuvens finas, L é a intensidade da radiação solar, $r(x,y)$ e $t(x,y)$ representam os albedos do objeto da imagem no solo e da componente de nuvem fina, respetivamente. Essencialmente, para eliminar o efeito das nuvens finas na componente da imagem no solo, a segunda parte da Equação 2.1, $L(1-t(x, y))$, deve ser eliminada.

2.6. Resumo

Neste capítulo, é feita uma discussão geral sobre os tipos, caraterísticas e propriedades físicas das nuvens. Esta discussão teve como objetivo introduzir a definição adequada e categorizar o que se entende por nuvem fina no nosso estudo. Além disso, o capítulo apresentou um modelo genérico para nuvens finas e o seu efeito nas imagens de satélite, que será utilizado em outros capítulos para modelação e análise.

CAPÍTULO 3. METODOLOGIA

3.1.Introdução

Este capítulo apresenta a metodologia seguida nesta investigação. Também discute a ideia de filtragem homomórfica, uma vez que é o principal conceito utilizado para a remoção de nuvens finas nesta investigação. Algumas aplicações são também apresentadas e discutidas, uma vez que são necessárias para a clarificação e apresentação da metodologia.

3.2. Etapas da metodologia/diagrama de fluxo

Neste capítulo, é apresentado um método simples de remoção de nuvens finas utilizando o AF. O diagrama de blocos do AF pode ser visto na Figura 3.1. As nuvens finas confirmam que as imagens, tal como o AF da imagem de nuvens finas, são muito difíceis de analisar devido à sua escala de cinzentos e às alterações muito pequenas de intensidade entre os pixels das imagens. Existem várias técnicas utilizadas para reduzir as nuvens finas na imagem. O HF determina o valor do filtro passa-alto de um grupo de valores que foi ordenado por ordem ascendente. A frequência passa-alto é sempre composta por uma frequência passa-baixo de valores e o tamanho dos quadros de frequência passa-alto também é ímpar. O tamanho da moldura da frequência passa-alta, também designada por fina, tem um tamanho fixo: pode ser 3 x 3, 5 x 5, 7 x 7, etc.

Figura 3.1. Diagrama de blocos do HF [33]

Na implementação do HF, a imagem transformada em log é depois filtrada por um filtro passa-alto. Finalmente, a imagem filtrada é convertida para o domínio da intensidade através de uma operação exponencial. O algoritmo HF é descrito nos passos seguintes:

Algoritmo 3.1

Entrada: Imagem de nuvem fina.

Saída: Imagem filtrada.

Stepl: Ler a imagem original.

Passo 2: Imagem transformada logaritmicamente com preenchimento a zero em blocos de janela w x w.

Passo 2.1 : Utilize a FFT e aplique os valores do pixel passa-alto por ordem ascendente.

Passo 2.2: Calcular a FFT inversa.

Passo 2.3: *Recortar a imagem de volta ao tamanho original não almofadado.*

Passo 3: *Repita o passo 2 até o processo estar concluído para toda a imagem.*

Passo 4: *Aplicar a função exponencial.*

Um filtro passa-alto pode ser utilizado para tornar uma imagem mais nítida. Um filtro passa-alto funciona exatamente da mesma forma que um filtro passa-baixo, que utiliza simplesmente uma frequência de natureza de convolução diferente. Assim, é possível obter uma filtragem passa-alto melhorada. Na filtragem melhorada, a aplicação da filtragem passa-altas a imagens com alterações de registo, os passos da filtragem passa-altas dão-nos a oportunidade de aplicar, ao mesmo tempo, diferentes imagens de atualização. Consideremos uma adaptação alterada do filtro passa-alto $H(u,v)$ que utilizámos da última vez. A utilização de HF permite reduzir a diferenciação das imagens. Neste sentido, utiliza-se um filtro passa-alto melhorado, $H_i\ (u,v)$, que é designado por filtro passa-alto melhorado, incluindo um valor de estima e um componente de escala:

$$H_i(u, v) = \alpha + \beta H(u, v), \quad \alpha < 1, \beta > 1 \tag{3.1}$$

Se $\alpha<1$ e $\beta >1$, isto amplificará os módulos de alta frequência mais do que o módulo de baixa frequência.

O IHF melhora o método HF tradicional. O fluxograma do IHF é apresentado na Figura 3.2. Como se pode ver na figura relacionada, o método IHF consiste em vários componentes, como a decomposição dos canais de cor, a aplicação do IHF a cada canal de cor e a combinação dos canais de cor filtrados para obter a imagem de saída. Após a decomposição dos canais de cor, a IHF é construída melhorando o filtro passa-alto. Para o efeito, são utilizados dois parâmetros, nomeadamente alfa e beta, para reforçar a capacidade de filtragem do filtro passa-alto. Finalmente, os componentes de cada cor filtrada são combinados para obter a imagem de saída filtrada. O objetivo deste melhoramento é amplificar a imagem de alta frequência, para que a imagem de saída possa ser filtrada.

mais do que as componentes de baixa frequência. O algoritmo IHF é descrito nos passos seguintes:

Algoritmo 3.2

Entrada: *Imagem de nuvem fina.*

Saída: *Imagem filtrada.*

Passo 1: *Ler a imagem original.*

Passo 2: *Imagem transformada logaritmicamente com preenchimento a zero em blocos de janela w x w.*

Passo 2.1 : *Utilizar a FFT e determinar os parâmetros alfa e beta.*

Passo 2.2: *Obter a estrutura de filtragem passa-alto enfatizada e aplicar os valores do pixel passa-alto por ordem ascendente.*

Passo 2.3: *Calcular a FFT inversa.*

Passo 2.4: *Recortar a imagem de volta ao tamanho original não almofadado.*

Passo 3: *Repita o passo 2 até o processo estar concluído para toda a imagem.*

Passo 4: *Aplicar a função exponencial.*

3.3. Frequência de corte do filtro passa-alto

Um filtro passa-alto é um filtro eletrónico que passa um sinal com uma frequência superior a uma determinada frequência de corte e a atenuação para cada frequência depende da conceção do filtro. Um filtro passa-alto é normalmente modelado como um sistema linear invariante no tempo. Por vezes, é designado por filtro passa-baixo ou filtro de corte de graves. Os filtros passa-alto têm muitas utilizações, como o bloqueio de corrente contínua de circuitos sensíveis a tensões médias não nulas ou dispositivos de radiofrequência. Também podem ser utilizados em conjunto com um filtro passa-baixo para produzir um filtro passa-banda, como mostra a Figura 3.3. A equação 3.6 pode ser utilizada para determinar a frequência de corte, uma vez que a alteração terá lugar nos valores de R e C.

Nas imagens de deteção remota, a substância do filtro passa-alto ainda não é totalmente clara. A substância do filtro de nuvens finas consiste na frequência passa-alta, na remoção de nuvens finas que se projectam incluindo a frequência passa-alta e na limpeza a partir do ponto de frequência de corte. Uma caraterística da remoção de nuvens finas é conduzida escolhendo a frequência de passagem alta no processamento de imagem para encontrar o ponto que tem uma frequência de passagem alta e limpar essa área para encontrar uma nova área clara usando um HF para remover os efeitos de nuvens finas.

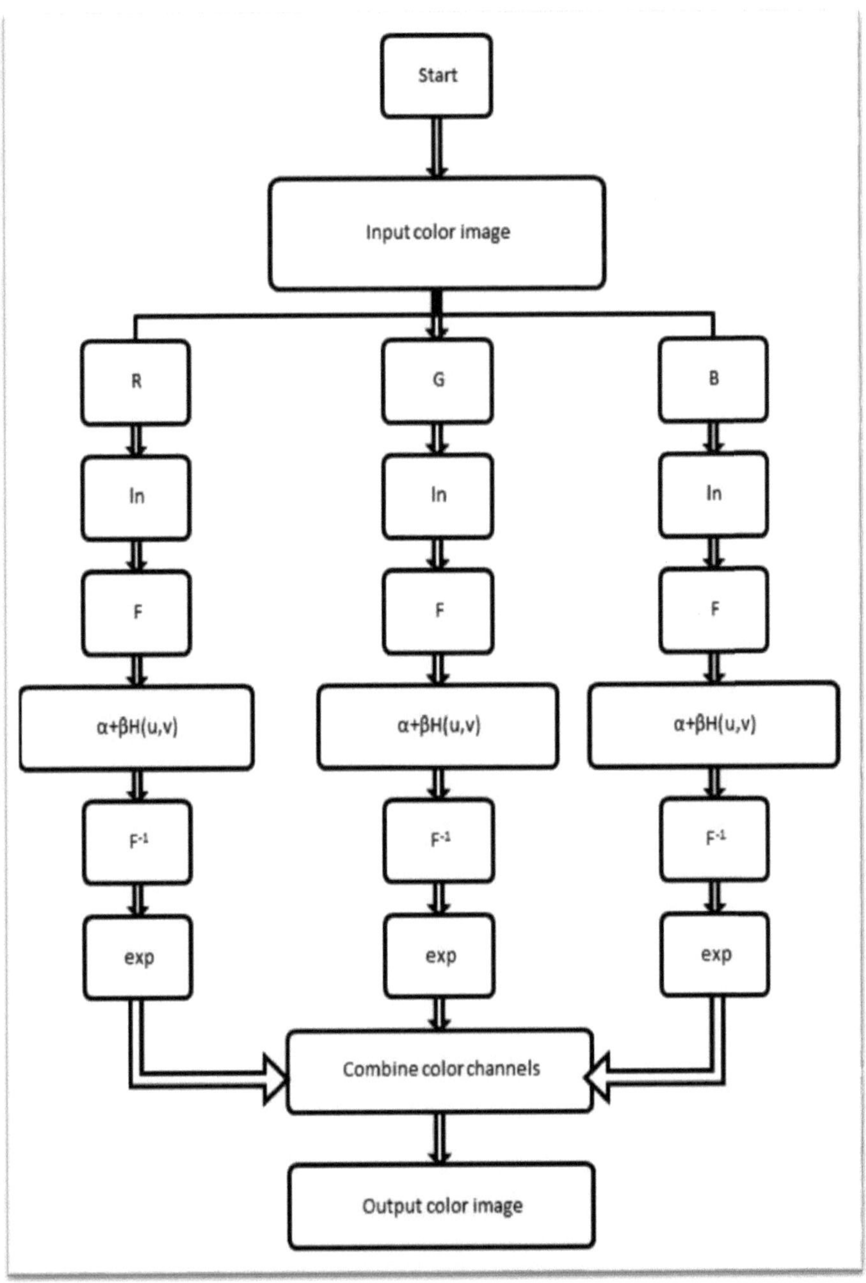

Figura 3.2. Diagrama de blocos da metodologia proposta

O processo confidencial por estas regiões é classificado de acordo com a distribuição global dos

28

pixéis num nível de cinzento e a relação espacial entre a recolha insegura. A filtragem homomórfica para criar as imagens de remoção de nuvens finas é aplicada. Este algoritmo determina, atribuindo a cada ponto de dados correspondente ao centro de cada filtro passa-alto, uma associação com base na distância entre o ponto de dados e o centro da nuvem fina.

O HF funciona com base na separação dos componentes de baixa frequência espacial da reflectância, que é considerada de alta frequência, utilizando a filtragem passa-alto baseada em Fourier, como se mostra na Fig. 3.3. Na Fig. 3.3, F e F^{-1} mostram as transformadas de Fourier e inversa de Fourier, respetivamente. $H(u,v)$ mostra o filtro passa-alto no domínio da frequência. Os filtros passa-alto funcionam com base na passagem de espectros de frequência superiores a uma determinada frequência de corte e bloqueiam todos os outros componentes que sejam inferiores à frequência de corte. O sinal alimentado num filtro passa-alto pode ser composto por sinais aditivos, permitindo assim aplicações simples como a remoção de ruído de baixa frequência. No entanto, no caso do problema de reflexão da iluminação de nuvens finas, a iluminação de baixa frequência é duplicada, em vez de adicionada, à reflexão de alta frequência.

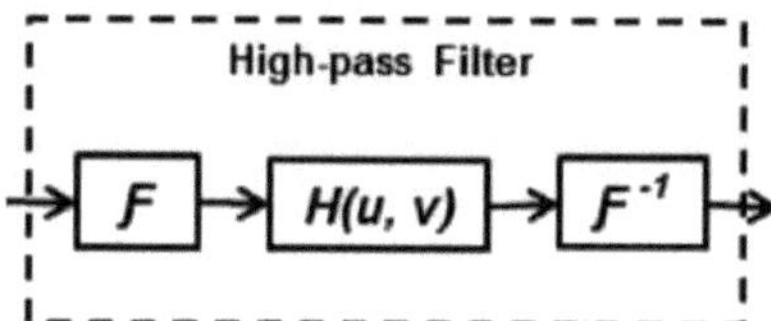

Figura 3.3. Diagrama de blocos do filtro passa-alto [33]

Para poder utilizar o filtro passa-alto habitual, é necessária a operação do logaritmo para converter a multiplicação em adição. Em particular, os passos deste algoritmo são [25]:

- *Calcular o logaritmo do sinal luminoso de entrada:*

$$L'(x,y) \triangleq \log L(x,y) = \log[R(x,y)I(x,y)] \tag{3.1}$$
$$= \log R(x,y) + \log I(x,y) \triangleq R'(x,y) + I'(x,y) \tag{3.2}$$

- Aplicar a transformada de Fourier 2D do sinal L'(x,y)=R'(x,y)+ I'(x,y)

$$L(u,v) \triangleq \mathcal{F}(L'(x,y)) = \mathcal{F}(R'(x,y)) + \mathcal{F}(I'(x,y)) \triangleq R(u,v) + I(u,v) \tag{3.3}$$

Em que R(u,v), I(u,v) e L(u,v) são os espectros dos sinais espaciais correspondentes R'(x,y), I(x,y) e L'(x,y), respetivamente.

- Obter os componentes de baixa frequência no domínio

$$H(u,v)L(u,v) = H(u,v)R(u,v) + H(u,v)I(u,v) \tag{3.4}$$

Em que $H(u,v)$ é um filtro no domínio da frequência cujas entradas correspondentes às baixas frequências são inferiores a 1, enquanto as restantes entradas são 1 para manter inalteradas as componentes de alta frequência do sinal.

- Calcular inverter a conversão

$$L'(x,y) \triangleq F^{-1}[H(u,v)L(u,v)] = F^{-1}[H(u,v)R(u,v)] + F^{-1}[H(u,v)I(u,v)] \qquad (3.5)$$

$$\triangleq R(x,y) + I(x,y) \qquad (3.6)$$

- Efetuar uma operação exponencial

$$L(x,y) \triangleq \exp[L'(x,y)] = \exp[R'(x,y) + I(x,y)]$$
$$= \exp[R'(x,y)]\exp[I'(x,y)] \triangleq R(x,y)I(x,y) \qquad (3.7)$$

- Para que este procedimento seja designado por processo HF, $I(x,y)$, a iluminação processada deve ser consideravelmente reduzida devido ao efeito de filtragem passa-alto, enquanto que a reflectância $R(xy)$ após este procedimento deve continuar a ser muito próxima da reflectância original. Ou seja, a constância da cor resulta do facto de a cor da superfície não ser muito afetada pela iluminação colorida [27].

3.4. Frequência de corte do filtro passa-baixo

Um filtro passa-baixo é um filtro que passa sinais com uma frequência inferior a uma determinada frequência de corte e atenua sinais com frequências superiores à frequência de corte. A resposta exacta em frequência do filtro depende da conceção do filtro. O filtro é por vezes designado por filtro de corte alto ou filtro de corte de agudos em aplicações áudio. Um filtro passa-baixo é o complemento de um filtro passa-alto.

Nesta experiência de investigação, o método de filtragem homomórfica é aplicado à nuvem fina da imagem utilizando a filtragem homomórfica. O número máximo de sigma nesta experiência é fixado em 2,5, sendo que o número de parâmetros afecta a qualidade de saída da imagem; no entanto, o tempo de execução aumenta. São utilizados diferentes valores de frequência passa-baixo e passa-alto, e a quantidade de nuvem fina imposta aos integrais dentro e fora da imagem é diferente. Além disso, a igualdade da frequência de corte demonstra uma concorrência justa dentro e fora dos limites durante a utilização da filtragem homomórfica.

A representação mais exacta da frequência de corte passa-baixo é apresentada na Figura 3.4.

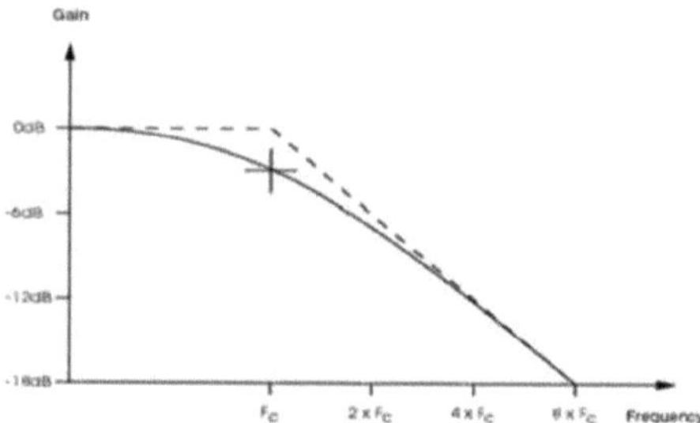

Figura 3.4. Diagrama do filtro passa-baixo

Para manter uma melhor determinação da frequência de corte, y (o parâmetro de escala é utilizado nesta experiência) é fixado em 1,5. Valores crescentes do parâmetro de escala correspondem a uma dependência da localização do contorno inicial, enquanto valores decrescentes correspondem a uma localização mais exacta dos limites do objeto.

A relação de recorrência do filtro fornece uma forma de determinar as amostras de saída em termos das amostras de entrada e da saída anterior. O seguinte exemplo de algoritmo de código simula o efeito de um filtro passa-baixo numa série de exemplos de implementação algorítmica [13]:

3.5. Resumo

Este capítulo descreveu a metodologia de investigação para a remoção de nuvens finas com base nos algoritmos HF e IHF. O capítulo discutiu o processo de investigação e a estrutura operacional para atingir os objectivos deste estudo. Além disso, os algoritmos 3.1 e 3.2, métodos propostos, são apresentados em pormenor.

CAPÍTULO 4. RESULTADOS E DISCUSSÃO

4.1. Introdução

Este capítulo apresenta a descrição dos resultados obtidos a partir da implementação dos métodos propostos que nos poderão fornecer informações úteis e relativas à eficiência do método proposto, com o objetivo de aferir adequadamente o desempenho final do método proposto.

4.2. Recolha de dados e descrição do procedimento

Na experiência desta investigação, foi recolhido um conjunto de dados padrão de nuvens finas para remoção de nuvens utilizando HF e IHF. Foi utilizado um total de 13 fragmentos de imagens de satélite nas experiências. Estas imagens contêm uma variedade de efeitos de nuvens finas que existem em diferentes gamas de frequência, incluindo: frequências passa-baixo e passa-alto localizadas em diferentes áreas. O conjunto de dados foi utilizado para avaliar os métodos propostos e os resultados de cada fase são apresentados e discutidos. As subsecções 4.2.1 a 4.2.2 tratam da remoção de nuvens finas utilizando HF e IHF em imagens de satélite e de como criar a recolha de imagens. A implementação de todas as experiências é feita em ambiente MATLAB com uma máquina com sistema operativo Windows de (64-bits) e processador de 2,53GHz.

4.2.1. Etapas iniciais da remoção de nuvens finas

Nesta investigação, o HF e o IHF foram utilizados para remover nuvens finas em várias sub-etapas. Em primeiro lugar, os parâmetros iniciais de HF e IHF foram ajustados e a filtragem passa-alto gaussiana foi adoptada em todas as experiências. Além disso, os parâmetros do filtro passa-alto gaussiano têm de ser ajustados. Assim, todos os parâmetros foram ajustados de forma óptima durante os trabalhos experimentais. A Figura 4.1. (a) mostra a imagem original e as Figuras 4.1. (b, c) mostram os resultados da filtragem HF e IHF, respetivamente. Por inspeção visual, o IHF produziu uma imagem de saída ligeiramente melhorada, comparável ao método HF.

4.2.2 Resultados por HF

Nesta subsecção, os resultados do método HF foram apresentados e discutidos. As nossas experiências foram realizadas com o objetivo de avaliar o efeito dos parâmetros de AF na remoção de nuvens finas. Para o efeito, utilizámos vários parâmetros de AF e realizámos as experiências. As imagens de saída obtidas foram registadas na Figura 4.1.

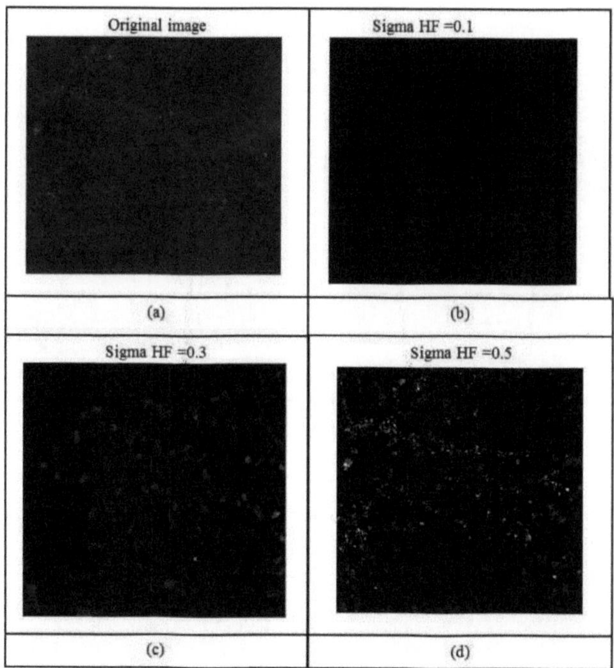

Figura 4.1. Remoção de nuvens finas utilizando HF: (a) imagem original, (b) sigma = 0,1 (c) sigma =0,3 e (d) sigma = 0,5.

Como pode ser visto na série de imagens de saída, um aumento em sigma produziu um aumento no contraste da imagem de saída. Além disso, a nuvem fina não era visível após o AF. Quando sigma = 0,1, obteve-se uma imagem de saída mais escura e quando sigma = 0,5, obteve-se uma imagem de saída mais clara. Estes resultados indicam que o parâmetro sigma é bastante eficiente para obter uma imagem de saída melhorada.

4.2.3 Resultados por IHF

Nesta subsecção, os resultados do método IHF foram apresentados e discutidos. As nossas experiências foram realizadas com o objetivo de avaliar o efeito dos parâmetros do IHF na remoção de nuvens finas. Para o efeito, utilizámos vários parâmetros de IHF e realizámos as experiências. As imagens de saída obtidas foram registadas na Figura 4.2.

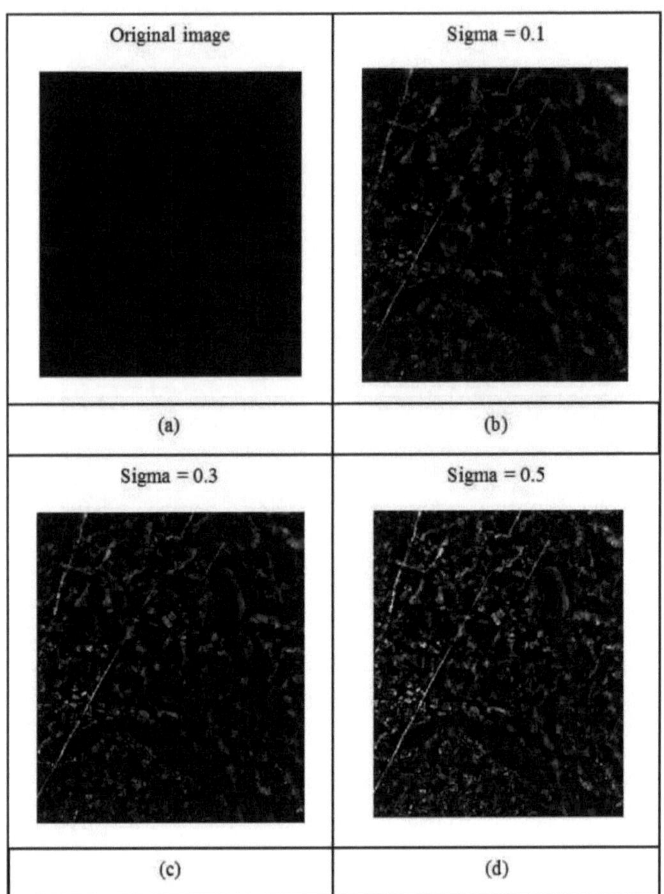

Figura 4.2. Remoção de nuvens finas pelo algoritmo IHF: (a) a imagem original, (b) sigma = 0,1, (c) sigma = 0,3, (d) sigma = 0,5.

É óbvio que a IHF produziu melhores resultados. Por outras palavras, foram registadas mais imagens de saída melhoradas na Figura 4.2. À semelhança dos resultados de HF, é visível um contraste melhorado através da série de imagens de saída, quando é visível um aumento em sigma. Além disso, a nuvem fina foi removida com o IHF. Os valores de alfa e beta foram fixados em 0,5 e 1,5, respetivamente.

Realizámos mais experiências para validar a eficiência do IHF. Assim, alguns novos resultados são apresentados na Figura 4.3. A Figura 4.3. mostra a evolução do IHF para a remoção de nuvens finas. Os parâmetros alfa e beta foram fixados em 0,5 e 1,5 e foram considerados vários valores de sigma. Os valores de sigma ajustados são mostrados na figura relacionada na Figura. 4 .3.

Figura 4.3. IHF para remoção de nuvens finas: (a) imagem original, (b) sigma = 0,5 , (c) sigma = 0,8, (d) (uma imagem à escala de cinzentos) sigma = 1,7

Na Figura 4.3, foram apresentados novos resultados com diferentes valores de sigma. Além disso, foi também utilizada uma imagem à escala de cinzentos para determinar a eficiência do método IHF. O resultado mostra que o IHF também pode remover nuvens finas em imagens de escala de cinzentos.

4.2.4. IHF fraco

Esta subsecção discute os limites dos valores aplicáveis para a e β em que o processo de filtragem ainda é aceitável. Os valores de a e β afectam positiva ou negativamente o processo de purificação. O procedimento experimental é efectuado várias vezes de modo a obter a gama possível de ambos os parâmetros e o seu efeito nos resultados. Aumentar os valores de ambos os parâmetros acima de 1,5 cria um efeito de brilho excessivo na imagem que acaba por gerar uma filtragem fraca. No entanto, diminuir os valores de ambos os parâmetros para menos de 0,5 cria outro tipo de filtragem fraca, como se pode ver na Figura 4.7. e na Figura 4.8. Por conseguinte, para obter resultados óptimos, recomenda-se que os valores de a e β sejam mantidos no intervalo de 0,5 e 1,5.

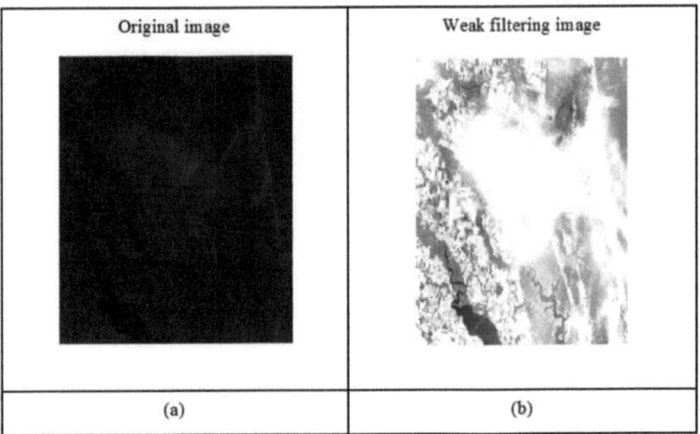

Figura 4.4. Secção de falha: (a) imagem original, (b) imagem fracamente filtrada devido ao impacto da escuridão elevada.

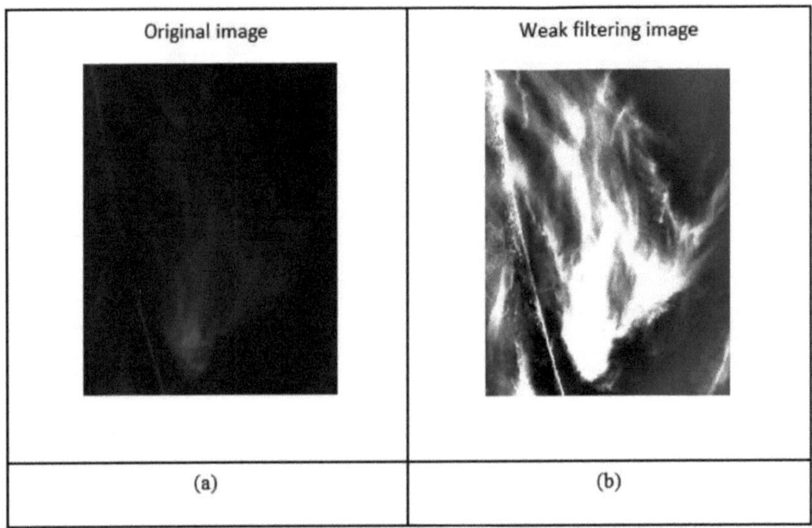

Figura 4.5. Falha na filtragem: (a) imagem original. (b) Imagem filtrada fraca devido ao efeito de nebulosidade.

4.2.5. Comparação de HF e IHF

Nesta subsecção, realizámos um trabalho comparativo em que os métodos HF e IHF foram utilizados na remoção de nuvens finas. Os resultados obtidos foram avaliados visualmente. Nesta comparação, foram utilizadas 5 amostras de imagens cobertas por nuvens finas. Os resultados obtidos foram mostrados na Figura 4.9. A primeira, segunda e terceira colunas da Figura 4.9 mostram as imagens de entrada, as imagens filtradas por HF e as imagens filtradas por HF melhoradas, respetivamente.

Na última coluna da figura, especificámos os parâmetros relacionados. Em todas as experiências, utilizámos o filtro passa-alto Gaussiano. O valor sigma do filtro passa-alto Gaussiano é ajustado durante as experiências. Além disso, os parâmetros alfa e beta do filtro passa-alto melhorado têm de ser ajustados. Estes parâmetros também foram ajustados durante as experiências. Ao inspeccionarmos visualmente os resultados apresentados na primeira linha da Figura 4.9, podemos ver que o AF melhorado removeu mais nuvens do que o AF tradicional. Além disso, o contraste da imagem filtrada pelo AF melhorado é mais nítido do que o do método AF. No entanto, há que referir que existem algumas partes nubladas na imagem filtrada. Também se podem ver dois resultados melhores na segunda e quarta linhas da Figura 4.9. Estas imagens de entrada parecem conter uma névoa uniforme. Como mostra a segunda coluna da tabela 4.1, o HF não produziu imagens melhoradas. Além disso, a nuvem fina é visível em ambas as imagens filtradas pelo AF. Por outro lado, o filtro de alta frequência melhorado produziu imagens razoáveis. Ambas as imagens filtradas com HF melhorado foram obviamente melhoradas. As estruturas terrestres tornaram-se mais visíveis. Na terceira linha da Figura 4.9, experimentámos uma imagem em que a nuvem fina está localizada na região da água. À semelhança dos resultados anteriores, o HF não obteve uma imagem de saída melhorada. A estrutura da imagem tornou-se mais escura. Além disso, o HF melhorado produziu uma imagem melhor filtrada nas regiões terrestres e não conseguiu filtrar as nuvens finas que se encontravam nas regiões aquáticas. Na última linha da Figura 4.9, experimentámos uma imagem com nuvens densas. Como se pode ver, o HF não conseguiu remover a nuvem densa, mas o HF melhorado produziu um resultado melhor do que o HF. Mas o HF melhorado também não conseguiu remover as nuvens inteiras.

Como avaliação geral, os trabalhos experimentais mostram que o AF melhorado é bastante bom na remoção das nuvens finas que se encontram nas regiões terrestres. O AF melhorado também melhorou o contraste da imagem de entrada, enquanto o AF tradicional falhou. Vale a pena mencionar que o AF melhorado também é pior para remover as nuvens finas nas regiões aquáticas.

Original image	Homomorphic filtering	Improved HF	parameters
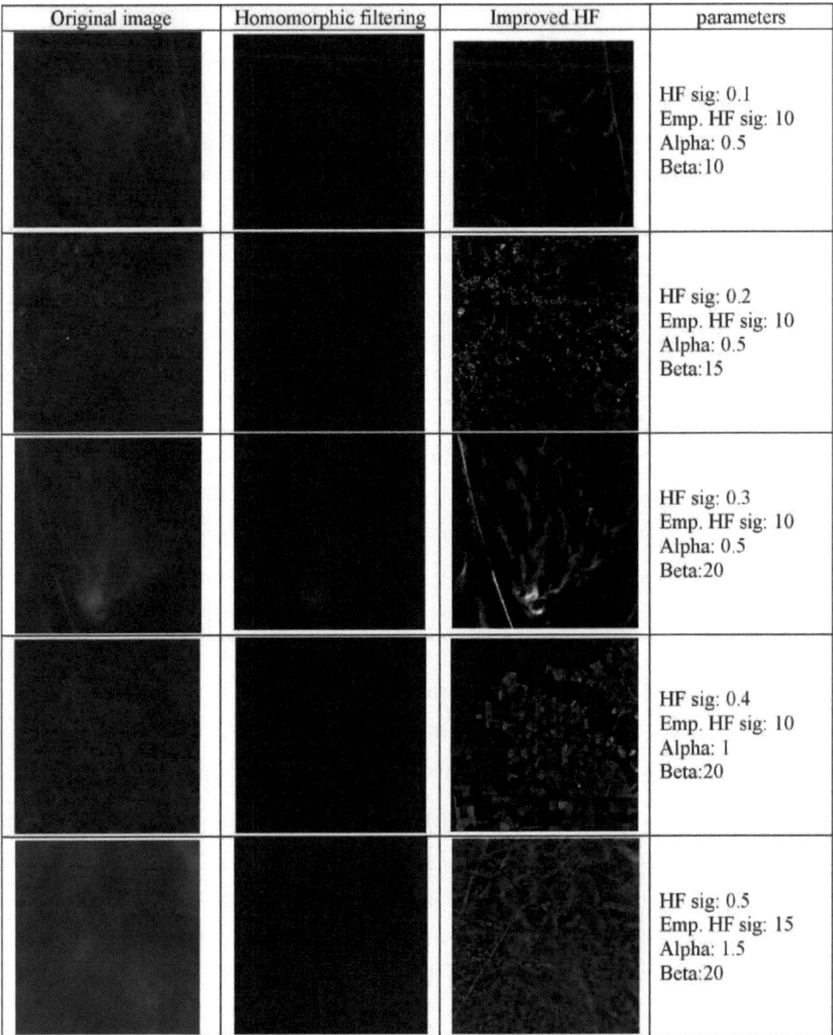			HF sig: 0.1 Emp. HF sig: 10 Alpha: 0.5 Beta: 10
			HF sig: 0.2 Emp. HF sig: 10 Alpha: 0.5 Beta: 15
			HF sig: 0.3 Emp. HF sig: 10 Alpha: 0.5 Beta: 20
			HF sig: 0.4 Emp. HF sig: 10 Alpha: 1 Beta: 20
			HF sig: 0.5 Emp. HF sig: 15 Alpha: 1.5 Beta: 20

Figura 4.6. Comparação do resultado entre HF e IHF

4.3. Resumo

Com base na ideia de obter as melhores imagens de saída antes de efetuar o HF com as imagens de nuvens finas, este estudo alargou o HF e o método HF melhorado para reduzir a sensibilidade das nuvens finas, os problemas das nuvens finas e a intensidade da escuridão. A partir dos comentários e da análise, podemos constatar que o método proposto é razoável e fiável em casos simples, intermédios e complexos. As experiências também mostraram que o método proposto é melhor do que o último método existente.

CAPÍTULO 5. CONCLUSÃO

5.1.Conclusões gerais

Este estudo foi proposto num esforço para melhorar a qualidade das imagens de satélite de deteção remota. O objetivo foi orientado para a remoção de nuvens finas que contaminam as imagens de satélite e enfraquecem a clareza dos objectos terrestres fotografados. Foram discutidos e investigados vários métodos propostos. Com base nestes métodos, bem como num conhecimento profundo das caraterísticas das nuvens finas e dos melhores métodos de remoção, foi proposta, apresentada, testada e avaliada uma técnica melhorada de remoção de nuvens finas. O método proposto baseia-se essencialmente na filtragem homomórfica; filtragem homomórfica melhorada da remoção de nuvens finas que passaram pela fase de filtragem passa-alto. As frequências de corte foram determinadas de forma semi-automática, o que melhorou o desempenho total do algoritmo. Durante a implementação da metodologia, foram desenvolvidos e apresentados três algoritmos principais que podem ser aplicados a qualquer imagem de satélite, a fim de a purificar dos efeitos das nuvens finas. Basicamente, estes algoritmos foram desenvolvidos com base na modelação matemática e na análise das nuvens finas, bem como na filtragem homomórfica e melhorada. Os resultados foram encorajadores e foi utilizado um conjunto de imagens para determinar o desempenho do método desenvolvido, tendo apenas duas sido recodificadas como tendo falhado a filtragem.

Os resultados experimentais indicam que o método proposto é superior e tem uma aplicação futura para a remoção de nuvens finas. Além disso, o método desenvolvido em termos de modelação, bem como a implementação matemática e de programação, é considerado pouco complexo. Isto significa que o tempo de processamento, a energia e o esforço serão reduzidos em comparação com outros métodos encontrados na literatura.

Geralmente, a técnica limita-se a remover nuvens finas e pode produzir imagens sem nuvens com nuvens de alta fidelidade. As técnicas dividem-se basicamente em três fases principais: Fase de filtragem passa-alto, método homomórfico e fase de filtragem melhorada.

A IHF é geralmente uma ferramenta útil para melhorar o nível de precisão da imagem, especialmente considerando componentes de ruído de alta frequência. No entanto, pode não ser aplicável como uma técnica de melhoramento genérica, mas funciona bem num determinado filtro de problemas, como no caso desta investigação.

5.2.Trabalhos futuros

O estudo pode e deve ser desenvolvido utilizando várias imagens baseadas em diferentes satélites e localizações. O efeito de desfocagem também pode ser incorporado num desenvolvimento posterior para melhorar o desempenho global do algoritmo atual e deve ser apresentado como uma nova direção de investigação. Além disso, o algoritmo também pode ser implementado em diferentes linguagens de programação e comparado em diferentes máquinas, a fim de classificar a viabilidade de qualquer melhoria adicional baseada em máquinas ou em programação. Além disso, as imagens de satélite contaminadas por nuvens finas têm um ponto complexo para remover, bem como alguns componentes indistintos. Pode ser útil analisar mais aprofundadamente estes conteúdos indistintos para serem categorizados e localizados com precisão, com o objetivo de melhorar ainda mais a clareza global. Finalmente, a aplicabilidade do algoritmo desenvolvido pode ser investigada e ajustada para ser utilizada em algumas aplicações como a localização de pedras nos rins, quistos, cancro da mama e tumores no cérebro, etc.

REFERÊNCIAS

[1]Shen, H., Li, H., Qian, Y., Zhang, L. e Yuan, Q., 2014. Um procedimento eficaz de remoção de nuvens finas para imagens de deteção remota visíveis. *ISPRS Journal of Photogrammetry and Remote Sensing, 96,* pp.224-235.

[2]Zhou, C., Ma, L., Wang, X. e Qiu, S., 2010, setembro. A Thin Cloud Removal Method for Optical Remote Sensing Imagery Based on Spatial Variogram (Um método de remoção de nuvens finas para imagens de sensoriamento remoto ótico baseado em variograma espacial). In *2010 6th International Conference on Wireless Communications Networking and Mobile Computing (WiCOM)* (pp. 1-4). IEEE.

[3]Chun, F., Jian-wen, M., Qin, D.A.I. e Xue, C.H.E.N., 2004, setembro. Um método melhorado para a remoção de nuvens na deteção de alterações de dados ASTER. Em *Geoscience and Remote Sensing Symposium, 2004. IGARSS'04. Actas. 2004 IEEE International* (Vol. 5, pp. 3387-3389). IEEE.

[4]Ma, J., Gu, X., Feng, C. e Guo, J., 2005. Estudo do método de remoção de nuvens finas para a imagem CBERS-02. *Ciência na China Série E Engenharia e Ciência dos Materiais, 48(2),* pp.91-99.

[5]LI, G., YANG, W.N. e WENG, T., 2007. Um método de remoção de nuvens finas em imagens de deteção remota baseado no algoritmo de filtro homomórfico [J]. *Science of Surveying and Mapping, 3,* p.017.

[6]Zhu, X.F., Xingfang, J. e Feng, L., 2007. Remoção de nuvens finas em imagens de deteção remota a cores. *J. Appl. Opt, 28*(6), pp.698-701.

[7]Wenshui, S. e Xinzhi, Z., 2010. Algoritmo para remoção de nuvens finas de imagens digitais de sensoriamento remoto baseado em filtragem homomórfica [J]. *Feixes de partículas e laser de alta potência, 1,* p.014.

[8]CAO, S., YUE, J. e MA, W., 2010. Remoção de nuvens finas aritmética baseada na morfologia matemática cinzenta para imagens de deteção remota. *Boletim de Levantamento e Cartografia, (12),* pp.54-57.

[9]Wu, X., Yang, W. e Li, G., 2013, junho. Remoção de nuvens finas da imagem ZY-3 com base no método de filtragem de homomorfismo melhorado. Em *2013, 21ª Conferência Internacional de Geoinformática* (pp. 1-4). IEEE.

[10] Mitchell, O.R., Delp, E.J. e Chen, P.L., 1977. Filtering to remove cloud cover in satellite imagery (Filtragem para remover a cobertura de nuvens em imagens de satélite). *IEEE Transactions on Geoscience Electronics, 15*(3), pp.137-141.

[11] Helmer, E.H. e Ruefenacht, B., 2005. Mosaicos de imagens de satélite sem nuvens com árvores

de regressão e correspondência de histogramas. *Photogrammetric Engineering & Remote Sensing, 71(9),* pp.1079-1089.

[12] He, X.Y., Hu, J.B., Chen, W. e Li, X.Y., 2010. Remoção de neblina com base na transformação avançada optimizada para neblina (AHOT) para imagens multiespectrais. *Jornal Internacional de Sensoriamento Remoto, 31*(20), pp.5331-5348.

[13] Lin, C.H., Tsai, P.H., Lai, K.H. e Chen, J.Y., 2013. Remoção de nuvens de imagens de satélite multitemporais usando clonagem de informações. *IEEE transactions on geoscience and remote sensing, 51*(1), pp.232-241.

[14] Tseng, D.C. e Chien, C.L., 2013. Uma abordagem de remoção de nuvens para visualização de imagens aéreas. *ICIC Int, 9,* pp.1079-1089.

[15] Sousa, D., Siravenha, A.C. e Pelaes, E., 2011. Comparação de Diferentes Filtros Passa-Altas para Melhorar a Precisão da Classificação de Imagens de Satélite Obstruídas por Nuvens e Nevoeiro. Em *Signal Processing, Image Processing and Pattern Recognition (Processamento de sinais, processamento de imagens e reconhecimento de padrões)* (pp. 66-73). Springer Berlin Heidelberg.

[16] Chanda, B. e Majumder, D.D., 1991. Um algoritmo iterativo para remover o efeito da cobertura de nuvens finas das imagens LANDSAT. *Mathematical geology, 23*(6), pp.853-860.

[17] Richter, R., 1996. Um algoritmo de correção atmosférica rápida e espacialmente adaptável. *Jornal Internacional de Deteção Remota, 17*(6), pp.1201-1214.

[18] Gao, B.C., Kaufman, Y.J., Han, W. e Wiscombe, W.J., 1998. Corecção de radiações de trajetória de cirros finos na região espetral de 0,4-1,0 pm utilizando o canal de deteção de cirros sensível de 1,375 pm. *Journal of Geophysical Research: Atmospheres, /03*(1)24), pp.32169-32176.

[19] Zhang, Y., Guindon, B. e Cihlar, J., 2002. Uma transformada de imagem para caraterizar e compensar as variações espaciais na contaminação por nuvens finas de imagens Landsat. *Sensoriamento Remoto do Meio Ambiente, 82(2),* pp.173-187.

[20] Cai, W., Liu, Y., Li, M., Cheng, L. e Zhang, C., 2011, junho. Um método de filtro homomórfico auto-adaptativo para remover nuvens finas. Em *Geoinformatics, 2011 19th International Conference on* (pp. 1-4). IEEE.

[21] Mill, S., Ukaivbe, D. e Zhu, W., Clouds and Cloud Shadows Removal from Infrared Satellite Images in Remote Sensing System (Remoção de nuvens e sombras de nuvens de imagens de satélite de infravermelhos em sistemas de deteção remota).

[22] Yinqi Xiong, Hua Yan, Chao Yu, 2014. Algoritmo de remoção de cobertura fina de nuvens e nevoeiro de uma única imagem de sensoriamento remoto. Journal of Information & Computational

Science, www.joics.com.

[23] Haitao Lv, Yong Wang, Yang Shen, 2015.Remoção de Nuvem Fina em Bandas Visíveis usando Caraterísticas do Espectro das Bandas Visíveis. Conferência Internacional 2015, IEEE.

[24] Shuli Chen, Xuehong Chen, Jin Chen, Xin Cao, 2016. Um novo método de remoção de nuvens baseado em IHOT. *Conferência Internacional de 2016 em* (pp. 1-4). IEEE.

[25] Zheng Wei, Shao Jiali, Wang Meng, Huang Dapeng, 2013. Um método de remoção de nuvens finas de imagens de sensoriamento remoto para identificação de corpos d'água.

[26] Mingzhu Wan, Xiaoyi Li, 2016. Remoção de nuvem fina em imagem única de sensoriamento remoto com base em SVVF. *2016 Conferência Internacional sobre* IEEE.

[27] Haitao Lv, Yong Wang, Yang Shen, 2016. Um algoritmo empírico e baseado no modelo de transferência radiativa para remover nuvens finas em bandas visíveis. Jornal: www.elsevier.com. 2016.

[28] Hamideh E., Mohammad R., 2013. Abordagem de filtragem homomórfica usando o espaço de cores HSV na segmentação automática de sombras de imagens.

[29] Zhou Yang, Xu Qing, Xu jiwei, Jin Guowang, 2016. Imagem de sensoriamento remoto ótico otimizado algoritmo de hazing baseado em quente.

[30] Meng Xu, Mark Pickering, Antonio J. Plaza, Xiuping Jia, 2016. Remoção de nuvens finas com base em princípios de transmissão de sinal e análise de mistura espetral. *Conferência Internacional de 2016 no* IEEE.

[31] Liu, J., Wang, X., Chen, M., Liu, S., Zhou, X., Shao, Z. e Liu, P., 2014. Remoção de nuvens finas de imagens de satélite simples. *Optics express, 22*(1), pp.618-632.

[32] Wang, X., Li, M. e Tang, H., 2010, dezembro. Um algoritmo de filtragem de homomorfismo modificado para remoção de nuvens. Em *Computational Intelligence and Software Engineering (CiSE), 2010 International Conference on* (pp. 1-4). IEEE.

[33] Steve eddin, 2013. Homomorphic filtering - part 1& 2 . algoritmo e código de recurso MATLAB,

CURRICULUM VITAE

Abdalqadir M. Jazaa Salih nasceu em 1971 na cidade de Bagdade - Iraque. Frequentou o ensino primário na Baghdad Primary School de 1977 a 1983 e o ensino secundário na Shorish High School de 1983 a 1989. Obteve um diploma do Instituto Técnico de Eletrónica e Computadores, 1990-1992, e obteve o seu primeiro grau superior do Instituto com honras de primeira classe na divisão superior em informática, BSc da Faculdade da Universidade al-Mansour - Departamento de Informática/Bagdade, 1993-1998. Em 2015, tornou-se estudante de mestrado na Universidade Firat - Departamento de Engenharia de Software. Professor assistente no Instituto de Informática - Universidade Politécnica de Sulaymaniyah

<u>Contacto</u>

Endereço: Iraque- Al-Sulaymaiyah - Rizgari .

Correio eletrónico: kadirana82@gmail.com

Número de telemóvel: 00964 7703605500

Printed by Books on Demand GmbH, Norderstedt / Germany